deutsch.kombi 1/2
Arbeitsheft

von Jutta Streer und Gerald Streer

Ernst Klett Schulbuchverlag Leipzig
Leipzig Stuttgart Düsseldorf

deutsch.kombi 1/2
Arbeitsheft

Diesem Arbeitsheft liegt das von Jutta Streer und Gerald Streer verfasste Arbeitsheft *geradeaus 5 plus* und *geradeaus 6 plus* zu Grunde.

Erarbeitet unter Mitwirkung der Redaktion.

Bildquellenverzeichnis:

S. 4.1; S. 6.1; S. 6.2; S. 7.1; S. 21.1: Disney, München
Umschlagbild: Corbis (Tom & Dee Ann McCarthy), Düsseldorf

1. Auflage   A 1 ⁵ ⁴ ³ ² ¹ | 2009 2008 2007 2006 2005

Alle Drucke dieser Auflage sind unverändert und können im Unterricht nebeneinander verwendet werden. Die letzten Zahlen bezeichnen jeweils die Auflage und das Jahr des Druckes.

Das Werk und seine Teile sind urheberrechtlich geschützt. Jede Nutzung in anderen als den gesetzlich zugelassenen Fällen bedarf der vorherigen schriftlichen Einwilligung des Verlages. Hinweis zu § 52 a UrhG: Weder das Werk noch seine Teile dürfen ohne eine solche Einwilligung eingescannt und in ein Netzwerk eingestellt werden. Dies gilt auch für Intranets von Schulen und sonstigen Bildungseinrichtungen.

Fotomechanische Wiedergabe nur mit Genehmigung des Verlages.
© Ernst Klett Schulbuchverlag Leipzig GmbH, Leipzig 2005.
Alle Rechte vorbehalten.
Internetadresse: www.klett.de

Grundkonzeption Layout und Satz: Jens Krause, Leipzig
Illustrationen: Cleo-Petra Kurze, Berlin; Inge Voets, Berlin

Entstanden in Zusammenarbeit mit dem Projektteam des Verlags.

Reproduktion: Meyle + Müller, Medien-Management, Pforzheim
Druck: W. Wirtz, Speyer
Printed in Germany

ISBN 3-12-313111-4

Inhalt

Rechtschreibung

Panzerknacker 4
Mitsprechen als Rechtschreibhilfe
Gliederung in Sprechsilben 4
Wörter mit doppeltem Konsonantenbuchstaben 5
Wörter mit *-ck-* 6
Wörter mit *-tz-* 7

Ötzi – der Gletschermann 8
Ableiten als Rechtschreibhilfe
Verlängern 8
Wörter mit *ä/e* und *äu/eu* 9

Gespenster 10
Verbformen auf *-t*
Verbformen mit doppeltem Konsonantenbuchstaben vor *-t* 11
Verbformen mit mehreren Konsonantenbuchstaben vor *-t* 12
Verbformen mit *h* vor *-t* 13

Verwandlungskünstler in der Antarktis 14
Großschreibung von Substantiven/Nomen
Test „Sehen oder anfassen";
Test „Haben" 14
Artikel-Test 15
Begleiter- und Adjektiv-Test 16
Baustein-Test 17

Aus der Hexenküche 18
Wörter mit Dehnungs-h

Rätseleien 19
Wörter mit *ie*

Geld und Gold 21
Wörter mit *i*

Zirkus 23
Wörter mit s-Lauten
Wörter mit *ß* 23
Wörter mit *ss – ß – s* 24

Grammatik

Die Mona Lisa E.V. 25
Zeitformen des Verbs
Präsens 25
Perfekt 26
Präteritum 27
Plusquamperfekt 28
Futur 29

Flohmarkt 30
Substantive/Nomen und Pronomen
Genus; bestimmter und unbestimmter Artikel 30
Artikel, Singular und Plural 31
Kasus 32
Personalpronomen – Kasus 33
Anrede- und Possessivpronomen 34

Aus der Schule geplaudert 35
Adjektive
Funktion; *-ig*, *-lich*, *-isch* 35
Steigerung; *wie – als* 36

Exotische Tiere 37
Attribute
Adjektiv- und Präpositionalattribut 37
Relativsatz 38

Berufe und Traumberufe 39
Satzglieder
Subjekt, Prädikat, Objekte 39
Adverbialbestimmungen 41

Kasimir, der unbesiegbare Ritter 43
Satzgefüge
Haupt- und Nebensätze, Konjunktionen 43

Zaubereien 45
Zeichensetzung
Zeichen am Satzende 45
Komma bei Aufzählungen 45
Komma im Satzgefüge 46
Direkte (wörtliche) Rede 48

Grammatische Fachbegriffe

RECHTSCHREIBUNG

Panzerknacker

Sicher kennst du Onkel Dagobert, Donald Ducks reichen Onkel. Er hat ständig Angst um seine goldenen Taler. Am meisten fürchtet er sich dabei vor den Panzerknackern. Eines Tages fällt Onkel Dagobert dieser Brief eines Panzerknackers in die Hände.

Hallo Kumpels,

wollen wir nicht noch einmal ein Ding **drehen**? Ich hasse es, **immer** meinen Magen **knurren** zu hören und in einem alten Schuppen zu hausen. Panzerknacker sollen in **Schlössern** leben und das Essen auf silbernen Tellern gebracht bekommen! Wir wollen auch **goldene** Taler **besitzen**! Wie **können** wir die Münzen von Onkel Dagobert klauen? Seine Helfer lauern wie **Schnüffelhunde** und passen auf. Wir **müssen** es **schaffen**, in den **bombensicheren Tresorraum** seines Hauses zu kommen! Aber wir dürfen keine Spuren **hinterlassen**! Sonst brummen wir lange im **Knast**! Sollen wir uns morgen **treffen**?

Nummer 176-671

1 Lies den Panzerknackerbrief so, dass die Wörter dabei in Silben gegliedert werden und man alle Laute genau hört. Male beim Sprechen Silbenbögen in die Luft.

2 Male Silbenbögen unter alle Wörter im Brief von Nummer 176-671.

3 Schau dir in dem Brief die rot gedruckten Wörter an, schreibe jedes Wort auf und sprich dabei in der „Robotersprache" mit.

drehen, immer, knurren, schlössern, goldenes, besitzen, schnüffelhund, müssen, schaffen, bombensicher, ..., hinterlassen, Knast, treffen.

! Sprich beim Schreiben Laut für Laut und Silbe für Silbe überdeutlich mit.

4   Mitsprechen als Rechtschreibhilfe: Gliederung in Sprechsilben

RECHTSCHREIBUNG

In einer Zelle zu sitzen ist für Panzerknacker ein Alptraum.

1 Suche Reimwörter mit doppeltem Konsonanten.
Sprich beim Schreiben so mit, dass man beide Konsonanten (Mitlaute) hört.

Zelle	Kasse	Falle	Gruppe
Kelle	Klasse	Galle	Suppe
Welle	Masse	Halle	P
Quelle	R	Qualle	Truppe
Stelle	Tasse	Kralle	K

2 Male Silbenbögen unter deine Reimwörter.

3 Bist du vielleicht ein Dichter und weißt es nur noch nicht? Versuche mit einigen Reimwörtern ein kleines Gedicht zu schreiben, z. B.: *Keine Ratte frisst nur Watte.*

Die Maus kommt aus seinem Haus komm raus Maus

Das essen Panzerknacker gerne.

SPEISEKARTE
Gasthaus zum fröhlichen Gauner

Quallenbrühe   Eidotterpfanne
Kreuzotterbraten   Forellen
Kartoffelbrei   Fledermausrippen
Tomatensuppe   Katzenkrallen
Spinnenbeine   Schokoküsse
Ameisenlippen   Affenwarzen
Mirabellenkompott Zitterpudding
Frikadellen   Hustenpillen

Ich esse gerne:
Kartoffelbrei
Tomatensuppe
Mirabellenkom
Frikadellen
Schokoküsse
Zitterpudding

Ich hasse:
Kreuzotterbraten
Spinnenbeine
Ameisenlippen
Eidotterpfanne
Forellen
Fledermausrippe
Affenwarzen
Hustenpille

4 Male Silbenbögen unter die Speisen auf der Speisekarte. Sprich dabei in der „Robotersprache" mit.

5 Würdest du gern bei den Panzerknackern zum Essen eingeladen werden? Trage die Gerichte auf der Speisekarte in die passende Spalte ein.

Mitsprechen als Rechtschreibhilfe: Wörter mit doppeltem Konsonantenbuchstaben

RECHTSCHREIBUNG

1 Die Panzerknacker wollen an Onkel Dagoberts Geld kommen. Schreibe den Anfang ihres Raubplans auf. Verwende dabei mindestens zehn der ck-Wörter.
Sprich beim Schreiben in der „Robotersprache" mit.

> **Backenbart** – **Perücke** – **schocken** – **entdecken** – **Stöcke** – **erschrocken** – **Wecker** – **Socken** – **locker** – **Lücke** – **dreckig** – **Säcke** – **schlucken** – **dicke Decke** – **Brücke** – **Rücken** – **packen** – **drücken** – **schicken** – **Jacke** – **Stücke** – **locken** – **drucken** – **Hecke** – **Waschbecken** – **Krücke** – **gucken** – **Ecke** – **glücken** – **pflücken** – **einstecken** – **Flecken** – **Glocken**

Beginne zum Beispiel so:

Wir stellen unsere Wecker auf Mitternacht. Dann packen wir unsere Perücken ein und ziehen den Backenbart an. Die Locken Perücke dann auch anziehen.

! Wenn du beim Silbensprechen *k-k* hörst, schreibe *ck*.

RECHTSCHREIBUNG

Die Panzerknacker hassen Hunde und Katzen, weil diese immer bellen und kratzen.

1 Trage die Lösungswörter so im Rätsel ein, dass *tz* immer in dem grauen Kästchen steht.

2 Schreibe die Wörter mit Silbenbögen auf die Linie daneben. Sprich beim Schreiben deutlich mit.

1. K a t z e — Katze
2. G l a t z e — Glatze
3. Einen stumpfen Bleistift muss ich … — s p i t z e n — spitzen
4. p _ _ _ _
5. erzählen, dass jemand etwas Unerlaubtes getan hat — p ä t z e n — patzen
6. sauber machen — p u t z e n — putzen
7. ich … — s c h w i t z e — schwitzen
8. Kaugeräusche beim Essen machen — s c h m a t z e n — schmatzen
9. Man schläft auf ihnen — M a t r a t z e n
10. unter den Fußsohlen berühren und zum Lachen bringen — k i t z e l n
11. Auf einem Stuhl kann man … — s i t z e n
12. Hunde … einen Hasen. — h _ _
13. am Unfallort neugierig zuschauen — g l o t z e n
14. die 🐦🐦 — S _ _ _
15. Donner und … — B l i t z e
16. kurze Erzählungen mit lustigem Ende — W i t z e

3 Schreibe die Buchstaben über den Zahlen 1 bis 9 hintereinander auf. Wie lautet das Lösungswort? Es ergibt das Lieblingsessen vieler Kinder. Ist es vielleicht auch deines?

Lösungswort: Schnitzel

! Auch das *tz* bei *Katzen* und *kratzen* kannst du beim Sprechen hörbar machen: Sprich das *t* so, dass man es besonders gut hört, und mache, bevor du das *z* sprichst, eine kurze Pause.

Mitsprechen als Rechtschreibhilfe: Wörter mit *-tz-*

RECHTSCHREIBUNG

Ötzi – der Gletschermann

1 Beim folgenden Text scheinen einige Buchstaben noch im Eis begraben zu sein. Schaffst du es trotzdem, den Text richtig zu lesen?

Der Tote liegt mit offenem Mun❄ in einer Spezial-Kühlbox in Bozen (Italien). Sein Fun❄ ist eine Sensation. Deshalb wir❄ er wie ein Heili❄tum behandelt.
Seine Hau❄ ist lederarti❄. Knochen, Muskeln und Organe sind in gutem Zustan❄. Über fünftausen❄ Jahre lang la❄ der Tote im Eis eines Gletschers in den Ötztaler Alpen. Weil die Sonne star❄ brannte, schmolz der Ran❄ der Eisfläche. 1991 ga❄ der Gletscher seine Mumie frei. Ber❄wanderer fanden „Ötzi" auf etwa 3200 Meter Höhe. Hier star❄ er in der Mitte des Monats September. Vielleicht wurde er von einem plötzlichen Wintereinbruch überrascht. Er soll ein kühner Ty❄ gewesen sein. Denn sonst hätte er sich nicht allein auf den We❄ in diese Eiswüste gemacht.

2 Trage die Wörter, bei denen Buchstaben fehlen, in die richtige Tabellenspalte ein. Suche jeweils eine verlängerte Wortform und ergänze den fehlenden Buchstaben. Schreibe das verlängerte Wort daneben.

g oder k?	d oder t?	b oder p?
Heiligtum	Mund ↔ Münder	gab
lederartig	Fundes Funde	starb
lag Lug	wird wird	Typ
starkes stärker	Haut	
Berg	zustand	
W	fünftausend	
	Randes Ränder	

❗ Wenn du am Ende eines Wortes *p, t, k* hörst, wird trotzdem oft *b, d* oder *g* geschrieben. Um das zu überprüfen, kannst du das Wort verlängern, z. B.: Fun**d** – Fun**d**e, Rau**b**tier – rau**b**en.

8   Ableiten als Rechtschreibhilfe: Verlängern

RECHTSCHREIBUNG

Wie alt war Ötzi ungefähr, als er starb? Du kannst es herausbekommen, wenn du mit ä- und äu-Wörtern sicher umgehst.

1 Lies den folgenden Text und trage alle fehlenden Buchstaben ein. Hilf dir, indem du nach verwandten Wörtern fragst.

Eine Seefahrt zu Ötzis Zeiten

Schon seit vielen Nächten schläft Gunnar schlecht. Fast täglich träumt er davon, einen Einbaum zu besitzen. Schließlich hält er es nicht mehr aus. Mit zwei Steinäxten in den Händen läuft er mit seinem Freund Thorsten in die Wälder der Umg__bung und betrachtet alle Bäume. Endlich gefällt den beiden Männern eine mächtige Eiche. Sie hacken alle Äste ab. Dann rollen sie den Stamm vor
5 Gunnars Holzh__schen. Nun fängt die schwerste Arbeit an. Gunnar holt glühende Holzkohle von der Feuerstelle und zündet damit den Stamm an, um ihn auszuhöhlen. Das Feuer darf jedoch nicht stärker brennen, denn sonst ist das ganze Boot gef__hrdet. D__shalb ist immer ein nasses F__ll in der N__he, um die Flammen eind__mmen zu können. J__den Abend dr__hen sie den Stamm um, damit es nicht in die Aushöhlung r__gnet. Denn bei N__sse lassen sich St__mme nicht weiter aus-
10 brennen. Am __nde wird das Boot vorne mit der Steinaxt zugespitzt, damit es leichter durch das Gew__sser gleitet. Thorsten s__bert es innen noch kr__ftig mit einem Steindolch.

Jetzt kann das Abent__er beginnen. Die beiden sind noch etwas __ngstlich, denn es ist schw__r, einen Einbaum zu st__ern. Der Stamm ist rund und kippt im Wasser leicht um. Wenn man ins Wasser f__llt, kann das Boot abgetrieben werden. Dann wäre die viele Arbeit umsonst gewesen. Aber beide üben
15 kräftig, und langsam hält jeder das Gleichgewicht.

2 Schreibe die Wörter, die du mit *ä* oder *äu* geschrieben hast, mit ihren Verwandten in dein Heft, z. B.: *Nächten (Nacht).*

3 Anzahl der Wörter mit *ä*: _____ Anzahl der Wörter mit *äu*: _____
Wenn du beide Zahlen zusammenzählst, erfährst du, in welchem Alter Ötzi starb.
Ötzi war etwa _____ Jahre alt. (Tipp: Die Zahl ist durch zehn teilbar.)

! Weißt du nicht, ob ein Wort mit *ä* oder *e*, mit *äu* oder *eu* geschrieben wird, suche ein verwandtes Wort mit *a* oder mit *au*. Gibt es dieses, schreibe *ä* und *äu*: Nächte – Nacht, räumen – Raum.

Ableiten als Rechtschreibhilfe: Wörter mit ä/e und äu/eu

RECHTSCHREIBUNG

Gespenster

Sicher hast du schon von alten Schlössern und Burgen gehört, in denen Gespenster hausen sollen. In den Dörfern der Umgebung fürchten sich noch immer viele Leute vor der Geisterstunde, denn dann machen sich die Gespenster auf den Weg. Auch Gespensterkinder sind oft dabei. Möchtest du mehr über so ein Gespensterkind erfahren?

1 Setze dazu im folgenden Text diese Verbformen ein.

> lebt   brüllst   kannst   schwebt   läuft   solltest
> sperrt   verletzt   rennst   erschrickst

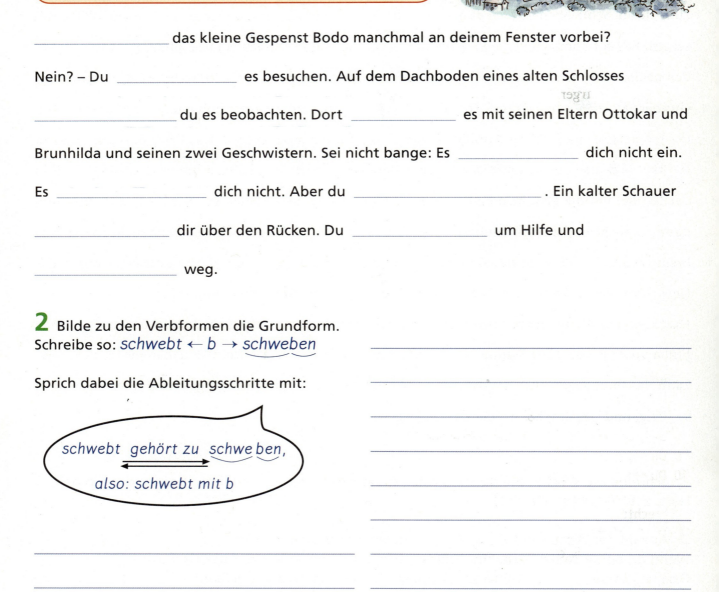

_____ das kleine Gespenst Bodo manchmal an deinem Fenster vorbei?

Nein? – Du _____ es besuchen. Auf dem Dachboden eines alten Schlosses

_____ du es beobachten. Dort _____ es mit seinen Eltern Ottokar und

Brunhilda und seinen zwei Geschwistern. Sei nicht bange: Es _____ dich nicht ein.

Es _____ dich nicht. Aber du _____ . Ein kalter Schauer

_____ dir über den Rücken. Du _____ um Hilfe und

_____ weg.

2 Bilde zu den Verbformen die Grundform.
Schreibe so: *schwebt* ← b → *schweben*

Sprich dabei die Ableitungsschritte mit:

> *schwebt gehört zu schweben,*
> *also: schwebt mit b*

! **t-Signal:** Ein *t* am Ende einer Verbform (*lebt, rennst*) warnt dich: Achtung! Nachdenken! Bilde die Grundform, dann kannst du die Laute besser hören.

Ableiten als Rechtschreibhilfe: Verbformen auf *-t*

RECHTSCHREIBUNG

1 Im Text „Bodo, der Gespensterschüler" sind zwölf t-Signale verborgen, die dich vor Rechtschreibfallen warnen. Versuche möglichst viele davon zu entdecken. Kennzeichne sie rot.

Bodo, der Gespensterschüler

In einer nebeligen Winternacht kommt die Gespenstermutter leise in das Gespensterkinderzimmer. Bodo schläft schon lange. Brunhilda weckt das kleine Gespenst und sagt: „Heute um Mitternacht beginnst du den Gespensterberuf zu erlernen. Du gehst mit Papa mit, wenn es zwölf schlägt. Er zeigt dir alles. Du geisterst mit ihm zu Burgen und Schlössern und jagst den Menschen einen Schrecken ein. Am besten läufst du gleich zu Papa und besprichst alles."

kommt ↔ kommen

2 Trage die Verben mit den t-Signalen untereinander in die leeren Zeilen ein. Schreibe jeweils die Grundform dazu.

3 Rätselspuk – Spukrätsel
Trage die passende Verbform im Kreuzworträtsel ein.

waagrecht:
3 Die Burgherrin ••• die Uhr auf zwölf (stellen).
5 Du ••• das Gespenst fassungslos an (starren).
6 Der Hund ••• nach dem Umhang (schnappen).
9 Du ••• den Kampf nicht (gewinnen).
10 Du ••• dich von den anderen (trennen).

senkrecht:
1 Der Schäferhund ••• (bellen).
2 Geschirr ••• (klirren).
4 Ein toter Fisch ••• im Burggraben (schwimmen).
5 Warum ••• du Netze auf (spannen)?
6 Der Gast ••• sich gegen die Tür (stemmen).
7 Der Burgbesitzer ••• auf Hilfe (hoffen).
8 ••• ihr keine Gespenster (kennen)?

Ableiten als Rechtschreibhilfe: Verbformen mit doppeltem Konsonantenbuchstaben vor *-t*

RECHTSCHREIBUNG

Ein gespenstischer Anruf
Um Mitternacht klingelt bei der Polizei das Telefon. Eine erschrockene Stimme meldet sich. Sie ist kaum zu verstehen.

1 Was stammelt der aufgeregte Anrufer?
Setze bei den Verben die fehlende Buchstabengruppe ein.

1. Ein Gespenst klo____t an das Eingangstor.
2. Es bri____t eine Schlange mit.
3. Es ri____t mit den beiden Wachhunden.
4. Es sti____t nach Schwefel.
5. Es ru____t über den Flur.
6. Es hü____t auf die Fensterbank.
7. Es spri____t eine Flüssigkeit auf den Boden.
8. Es schi____t über das grelle Licht.
9. Es spri____t über den Tisch.
10. Es gri____t alle an.
11. Es ta____t aus dem Fenster.
12. Es wi____t noch einmal mit seinem totenblassen rechten Zeigefinger.

2 Schreibe die Sätze vollständig ab.

1. _____
2. _____
3. _____
4. _____
5. _____
6. _____
7. _____
8. _____
9. _____
10. _____
11. _____
12. _____

Ableiten als Rechtschreibhilfe: Verbformen mit mehreren Konsonantenbuchstaben vor *-t*

RECHTSCHREIBUNG

1 Aus den Buchstaben im Spinnennetz kannst du Verbformen mit t-Signalen bilden. Schreibe sie in die linken Zeilen vor den Ableitungspfeil.
- Beginne mit den Buchstaben des äußeren Netzes.
- füge *oh – uh – äh – eih – eh* oder *üh* hinzu.
- Der letzte Buchstabe ist immer das Signal-t.

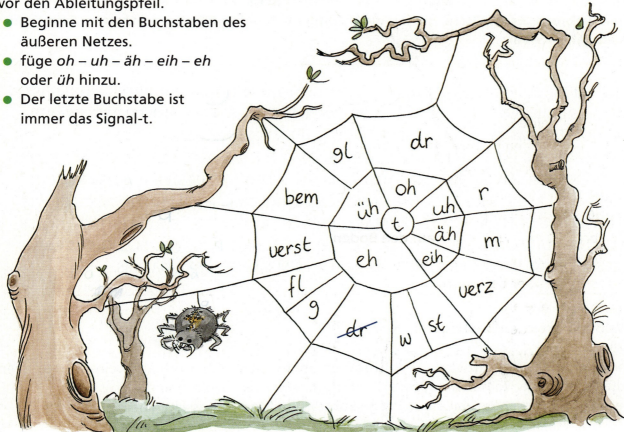

Wörter aus dem Spinnennetz	Grundform		Wörter aus dem Spinnennetz	Grundform
1. dreht	↔ drehen		7.	↔
2.	↔		8.	↔
3.	↔		9.	↔
4.	↔		10.	↔
5.	↔		11.	↔
6.	↔		12.	↔

2 Markiere jeweils den Laut (Buchstaben), den du nicht hören kannst, mit einem Buntstift, z. B.: dreht.

3 Bilde von jedem Verb die Grundform. Sprich sie in Silben gegliedert, damit du alle Laute hörst. Schreibe sie neben die Formen mit t-Signal, z. B.: drehen.

Ableiten als Rechtschreibhilfe: Verbformen mit *h* vor *-t*

RECHTSCHREIBUNG

Verwandlungskünstler in der Antarktis

Vor gut 200 Jahren gelangte ein englischer Seefahrer in die Nähe des Südpols und war äußerst verblüfft. Er sah Tiere, die ihn gleichzeitig an Vögel und Fische erinnerten. Sein Tagebuch erzählt darüber.

> DIESE LEBEWESEN BEWOHNEN NUR DIE SÜDHALBKUGEL DER ERDE: DIE MEISTE ZEIT VERBRINGEN SIE IM MEER. SIE ERINNERN ETWAS AN GÄNSE MIT SCHWARZEN ANZÜGEN. OBWOHL SIE KURZE FLÜGEL HABEN, KÖNNEN SIE NICHT FLIEGEN. SIE BENUTZEN SIE IM WASSER ALS FLOSSEN UND RUDER. MIT GEWALTIGEM TEMPO KÖNNEN SIE SCHWIMMEN. MIT AUSDAUER TAUCHEN SIE. IMMER WIEDER KOMMEN SIE JEDOCH AUCH AN LAND. HIER LEGEN SIE IHRE EIER. HIER BRÜTEN SIE UND ZIEHEN IHRE JUNGEN AUF. AUF FESTEM BODEN MARSCHIEREN SIE MEISTENS IN AUFRECHTER HALTUNG. SIE HABEN EINEN WATSCHELNDEN GANG. MANCHMAL RUTSCHEN SIE AUCH VOLLER VERGNÜGEN AUF DEM BAUCH ÜBER DAS EIS.

1 Weißt du, welche Tiere er gesehen hat?

2 In dieser Tagebuchnotiz sind alle Buchstaben großgeschrieben. Normalerweise schreibt man nur die Substantive/Nomen mit großem Anfangsbuchstaben. Welche sind es?
Trage sie in die passende Spalte ein. Einige Substantive/Nomen passen in beide Spalten.

Test „Sehen oder anfassen":	Test „Haben":
Lebewesen, Südhalbkugel	*Zeit,*

! **Test „Sehen oder anfassen":** Ist das Wort ein Name für etwas, was man sehen oder anfassen könnte, dann ist es ein Substantiv/Nomen und wird großgeschrieben.

! **Test „Haben":** Könnte man das Wort mit *„ich habe"* kombinieren, dann ist es ein Substantiv/Nomen und wird großgeschrieben.

RECHTSCHREIBUNG

1 Bestimme im Text „Der Gesang der Pinguine" die Substantive/Nomen mit dem Artikel-Test. Dann weißt du, welche Wörter großgeschrieben werden müssen. Unterstreiche jeden Artikel mit dem dazugehörigen Substantiv/Nomen.

DER GESANG DER PINGUINE

AUFGEREGT WACKELT DAS PINGUINMÄNNCHEN MIT DEN FLÜGELN. ES STEHT AUFRECHT VOR EINEM WEIBCHEN. DER RÜCKEN IST DURCHGESTRECKT. DEN KOPF HÄLT ES GEGEN DEN HIMMEL GERICHTET. DABEI SINGT ES DAS LIED DER PINGUINE. DER „GESANG" KLINGT IN DEN OHREN DER MENSCHEN EHER WIE EINE MISCHUNG AUS EINEM TROMPETENTON UND EINEM ESELSSCHREI. DOCH FÜR DIE PINGUINE IST DER „GESANG" SEHR WICHTIG. DAMIT GIBT EIN MÄNNCHEN EINEM WEIBCHEN DIE „HEIRATSABSICHT" BEKANNT.

2 Schreibe den Text in der normalen Schreibweise.

_____
_____
_____
_____
_____
_____
_____
_____
_____

3 Im folgenden Text haben sich manchmal Adjektive zwischen den Artikel und das Substantiv/Nomen geschoben. Zeichne Pfeile vom Artikel zum dazugehörigen Substantiv/Nomen.

Meistens braucht das singende Männchen nicht lange auf die gewünschte Antwort zu warten.

Ein nettes Weibchen eilt heran und sucht sich einen geeigneten Vater für

den zukünftigen Nachwuchs aus.

Das verliebte Pärchen singt jetzt gemeinsam das „schöne" Pinguinlied.

Dabei hört man dem neuen Partner genau zu.

Denn jeder singt es mit einer persönlichen Melodie. Wie soll man sonst später in der riesigen Kolonie

die eigene Familie wiederfinden?

! **Artikel-Test:**
Gehört zu dem Wort ein Artikel, dann ist es ein Substantiv/Nomen und wird großgeschrieben.

Großschreibung von Substantiven/Nomen: Artikel-Test

RECHTSCHREIBUNG

Die Kaiserpinguine sind die größten Pinguine. Sie können ungefähr so groß wie ein sechsjähriges Kind werden. Ungewöhnlich ist, dass sie bei Temperaturen zwischen –40 und –60 Grad Celsius brüten.

WENN SICH EISSCHOLLEN VOR DER KÜSTE GEBILDET HABEN, VERLASSEN ALLE KAISERPINGUINE DAS OFFENE MEER. SIE MARSCHIEREN UND RUTSCHEN IN IHRE BRUTKOLONIEN. FÜR MONATE WOHNEN SIE AUF DEM EIS. KEIN MENSCH KÖNNTE DIESE TEMPERATUREN UND DIE EISIGEN SCHNEESTÜRME SO LANGE AUSHALTEN. DIE TIERE FINDEN IN DIESER EISWÜSTE KEIN FLÜSSIGES WASSER UND KEINE NAHRUNG. IM WINTER GIBT ES HÖCHSTENS ETWAS DÄMMERLICHT. JEDER SONNENSTRAHL FEHLT. IN DIESER UMGEBUNG BRINGEN DIE KAISERPINGUINE IHREN NACHWUCHS AUF DIE WELT. HIER ZIEHEN SIE IHN UNTER MÜHEN AUF.

1 Einige Substantive/Nomen in diesem Text haben keine Artikel, sondern andere Wörter als Begleiter. Diese Wörter sind grün gedruckt.
Schreibe alle Substantive/Nomen mit ihren Begleitern heraus.

die Küste, alle Kaiserpinguine, _____

_____

_____

_____

_____

2 Manchmal kann dir auch der Adjektiv-Test helfen herauszufinden, ob ein Wort großgeschrieben wird. Führe ihn bei den rot gedruckten Wörtern durch. Du kannst die Adjektive *riesig, lang, groß* verwenden.

_____

! **Adjektiv-Test:** Kannst du direkt vor das Wort ein Adjektiv setzen, welches sich dabei verändert (z. B. *im harten Winter*), ist es ein Substantiv/Nomen und wird großgeschrieben.

RECHTSCHREIBUNG

Arbeitsteilung bei den Kaiserpinguinen

Mit großer Geduld brütet das Männchen in der Finsternis das Ei aus. Jede schnelle Bewegung könnte für den Nachwuchs gefährlich sein. Das Weibchen besorgt inzwischen für sich und die Verwandtschaft neue Nahrung. Da das Meer vor der Küste zugefroren ist, watschelt es auf seinen kurzen Beinen zum Wasser eine Entfernung von mehr als hundert Kilometern. Oft rutscht es auch auf dem Bauch über das Eis. Faulheit und Bequemlichkeit sind da nicht gefragt! Jedes Hindernis wird überwunden. Im Meer kann es endlich mit großer Schnelligkeit und Geschicklichkeit schwimmen und fischen. Wenn das junge Pinguinchen ausschlüpft, kommt die Mutter mit vielen Krabben und Tintenfischen zurück. Zur Aufbewahrung dieses Reichtums hat sie ihren Vormagen benutzt. Sie wird vom Vater und vom Küken sehnsüchtig erwartet. Endlich ist die Ablösung da! Jetzt kann das Männchen auf die Futtersuche gehen.

1 Schreibe aus dem Text „Arbeitsteilung bei den Kaiserpinguinen" alle Substantive/Nomen mit den folgenden Endbausteinen heraus: *-heit, -keit, -ung, -nis, -schaft, -tum*.

_____

_____

_____

2 Verwandlungskünstler
Hänge an den Stamm der Verben und Adjektive die Wortbausteine *-heit, -keit, -ung, -nis* oder *-schaft* an. Damit kannst du diese Wörter in Substantive/Nomen verwandeln. Wenn du es richtig machst, passen sie in die Kästchen.

geheim
dunkel
verabreden
vorbereiten
schwierig
gefangen
vollständig
verwandt
veranstalten
fröhlich
beliebt
verletzen
erlauben

! Baustein-Test: *-heit, -keit, -ung, -nis, -schaft, -tum* – Endet das Wort auf einen dieser Wortbausteine, ist es ein Substantiv/Nomen und wird großgeschrieben.

Großschreibung von Substantiven/Nomen: Baustein-Test

RECHTSCHREIBUNG

Aus der Hexenküche

1 In der folgenden Geschichte sind einige Wörter durch Bilder ersetzt worden. Schreibe die vollständige Geschichte ins Heft.

Eine Hexe wohnt seit 269 Jahren mit einem 🐓 und zwei 🐔 in einer alten 🏚. Sie ernährt sich von 🫛, 🥕 und 🥬, doch die Ernten werden immer schlechter. Bald weiß sie nicht mehr, wie sie sich ernähren soll. Da hat sie eine Idee: „Wie lautet denn nur Großmutters Zauberspruch? Sie hat ihn mir doch so oft ins 👂 geflüstert!" Sie setzt sich auf einen 🪑, lehnt sich zurück und denkt nach. „Ich habe ihn vergessen!", stöhnt sie laut. Sie wühlt in allen Schubladen, doch ohne Erfolg! So gilt es, eine andere Lösung zu finden.

Sie fährt mit der 🚢 in die Stadt. Dort gibt man ihr einen sehr guten Rat: „An unserer Schule fehlen 🧑‍🏫. Können Sie Kindern das Kochen beibringen? Der Lohn würde für Mahlzeiten und Kohlen reichen." Und so können viele Schülerinnen und Schüler im nächsten Schuljahr die neue Arbeitsgemeinschaft „Leckere Gerichte aus der Hexenküche" wählen.

2 Wenn du alles richtig gemacht hast, findest du in deinem Text 30 Wörter mit unhörbarem *h*. Schreibe sie heraus und male jedes *h* rot an.

wohnt,

3 In diesem Hexenkessel befindet sich ein Gebräu aus drei verschiedenen Wortfamilien. Trage die Wortverwandten bei der richtigen Wortfamilie ein. Male das *h* in jedem deiner Wörter rot an.

Zahnstocher, Fahrpreis, angenehm, wegnehmen, zahnlos, Busfahrt, Aufnahme, erfahren, Eckzahn, Zahnarzt (er) fährt, (er) nahm

Wortfamilie „Zahn": _____

Wortfamilie „fahren": _____

Wortfamilie „nehmen": _____

! Das **unhörbare *h***, das du auch durch Verlängern des Wortes nicht hörbar machen kannst, steht nur **nach lang** gesprochenen Vokalen (Selbstlauten) und **vor *l* Mehl, *m* Rahm, *n* Lohn, *r* Jahr.**

Wörter mit Dehnungs-h

RECHTSCHREIBUNG

Rätseleien

1 Silbenrätsel

Wenn du die Silben richtig zusammensetzt, findest du 14 Wörter, die mit *ie* geschrieben werden. Schreibe diese Wörter auf. Streiche die verwendeten Silben.

be–be–bel–ben–Bie–chen–frie–ge–gel–ger–Hie–krie–len–Lie–ne–ne–ren–Rie–Schie–schie–schie–se–se–Sie–Spie–Wie–Zie–Zwie

Sieger
_____
_____
_____

2 Kreuzworträtsel

Ergänze die Verben in der Vergangenheitsform.

waagrecht:

2. „Abrakadabra!", _____rief_____ der Hexenmeister zornig. (ruft)

4. Dornröschen _____ hundert Jahre. (schläft)

6. Der König _____ dem tapferen Schneiderlein einen Orden. (verleiht)

7. Die Wahrsagerin _____ den Prinzen über seine Zukunft. (berät)

9. Die Königin _____ den Blick in den Spiegel. (vermeidet)

10. „Igitt, schafft mir doch diesen ekligen, schleimigen Frosch aus dem Zimmer!", _____ die Königstochter entsetzt. (schreit)

13. Die Köchin _____briet_____ das Herz eines Wildschweins für den König. (brät)

14. Der arme Müllersohn _____ in große Gefahr. (gerät)

16. Das Mädchen _____ Rotkäppchen. (heißt)

17. Der Schweinehirt _____ seine Tiere auf die Weide. (treibt)

18. Das jüngste Geißlein _____ , als es im Uhrenkasten saß. (schweigt)

Fortsetzung →

! Der **lange i-Laut** wird in der Regel als *ie* wiedergegeben.

Wörter mit *ie*

19

RECHTSCHREIBUNG

senkrecht:

1. Nach dem Tod des Drachens _____ der Jäger das Horn. (bläst)

2. Die böse Königin _____ sich die Hände, als Schneewittchen in den Apfel biss. (reibt)

3. Die böse Stieftochter _____ die Treppe hinunter. (fällt)

4. Der Zauberer _____ den Zauberspruch auf. (schreibt)

5. Der Mond _____ silbern auf den See. (scheint)

8. Der Prinz _____ an Rapunzels Haaren hoch. (steigt)

9. Die gute Fee _____ die bösen Geister. (vertreibt)

10. Der Ritter _____ dem Drachen das Schwert ins Herz. (stößt)

11. Keiner wusste, dass der Zwerg Rumpelstilzchen _____ . (heißt)

12. Die böse Fee _____ das Tageslicht. (meidet)

15. Der Hirsch _____ dem Jäger den Weg. (weist)

1 Trage alle Verbformen, die du auf S. 19 und 20 geschrieben hast, in die Kästchen ein. Wenn du alles richtig gemacht hast, passt die Anzahl der Buchstaben.

Wörter mit *ie*

RECHTSCHREIBUNG

Geld und Gold

Geld und Gold sind für Onkel Dagobert so ziemlich das Wichtigste im Leben. Aber hat er wirklich schon alles verkauft?

1 Überprüfe, ob Dagobert ein Angeber ist. Trage dazu die folgenden Wörter in die passende Spalte ein.

Fibeln – Ruinen –

Detektive – Biberfelle –

Bibeln – Linien – Tiger –

Igelstacheln – Krisen –

Klima – Sardinen –

Krokodilstränen – Pralinen –

Kugelschreiberminen –

Kusinen – Medizinbälle –

Termine – Minigolfschläger –

Violinen – Maschinen –

Kinositze – Risiken –

Duschkabinen –

Mandolinen – Rosinen –

Skischuhe – Videofilme –

Margarine – Kamine –

Textilien

Das kann man normalerweise nicht verkaufen:	Das kann man verkaufen:
Ruinen	Fibeln

Wörter mit *i*

RECHTSCHREIBUNG

Onkel Dagoberts Ziel ist es, immer noch reicher zu werden. Aber eine Sache besitzt er, die er nie verkaufen würde. Was könnte das sein? Du erfährst es, wenn du das Rätsel richtig löst.

1 Trage alle Wörter in die passenden Kästchen ein. Streiche die verwendeten Wörter.

Apfelsine – Gardine – Kabine – Kamine – Kantine – Kusine – Lawine – Limousine – Mandarine – Margarine – Mandoline – Mine – ~~Pauline~~ – Praline – Rosine – Ruine – Sardine – Spülmaschine – Suppenterrine – Termine – Violine

2 Schreibe die Buchstaben 1 bis 11 in der richtigen Reihenfolge auf.

Das Lösungswort heißt: _____

Wörter mit *i*

RECHTSCHREIBUNG

Zirkus

Habt ihr schon einmal ein Zirkuskind in eurer Klasse gehabt? Das erlebt nämlich eines Tages die 6a. „Er heißt Benno", stellt Herr Pieper, der Klassenlehrer, eines Morgens einen hellblonden Jungen vor. „Benno, du kannst gleich mitmachen. Wir suchen heute Reimwörter."

1 Findest du alle Reimwörter?
Die Wörter rechts helfen dir.

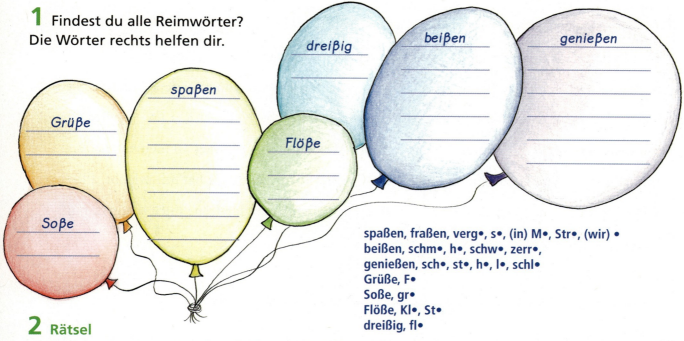

spaßen, fraßen, verg•, s•, (in) M•, Str•, (wir) •
beißen, schm•, h•, schw•, zerr•,
genießen, sch•, st•, h•, l•, schl•
Grüße, F•
Soße, gr•
Flöße, Kl•, St•
dreißig, fl•

2 Rätsel

Lies die Buchstaben über den Zahlen 1 bis 9 hintereinander. Dann ergibt sich der Name eines seltsamen Vogels, der im Zirkus häufig verkleidet auftritt.

Gegenteil von „sauer"	s _ü_ _ß_
Gegenteil von „schwarz"	w _ _ _
Der Affe brüllt wie am ...	S _ _ _ _ (2)
Tätigkeit der Zähne	b _ _ _ _ _
Ameisen sind ...	f _ _ _ _ (4) _
Vergangenheit von „wir vergessen"	v _ _ (5) _ _ _ _ _
ein anderes Wort für „werfen"	s _ _ _ _ _ _ (8) _
Gegenteil von „öffnen"	s _ _ (9) _ _ _ _
Heuschrecken fressen viel. Sie sind ...	g _ _ _ _ _ _
Drei mal zehn (ist) gleich ...	d _ _ _ _ _ (7) _
befahrender Weg	S (1) _ _ _ _ _ _
Gegenteil von „innen"	a _ _ _ _
Ich habe einen ... im Hals	K _ _ _ (6) _
Vergangenheit von „ich sitze"	s (3) _ _

Lösungswort: _____

Wörter mit s-Lauten: Wörter mit ß

RECHTSCHREIBUNG

Benno schreibt am Ende der Woche in einem Brief an seinen Freund Selim, was ihm in seiner Klasse besonders aufgefallen ist. Leider ist er bei den Wörtern, in denen s-Laute vorkommen, unsicher.

1 Setze im folgenden Text die fehlenden Buchstaben ein: *ss*, *ß* oder *s*.

> Lieber Selim,
>
> die Schule gefällt mir jetzt schon etwas be___er. Le___en macht Spa___. Aber Kopfrechnen ist scheu___lich. Bodenturnen genie___e ich. Ich habe schon zwei neue Freunde. Sie hei___en Jan und Sascha. Einige kann ich nicht leiden. Rolf bei___t, wenn er bö___e wird. Sven schmei___t oft mit dem na___en Schwamm. Daniela rei___t immer an meinen Haaren. Am Montag laufen wir zu Fu___ mit der Kla___e zur Burgruine. Papa hat mir erlaubt, alle drei___ig Kla___enkameraden in unser Winterlager einzuladen. Ich freue mich schon darauf.
>
> Herzliche Grü___e
>
> Dein Benno

2 Setze auch hier die fehlenden Buchstaben ein: *ss*, *ß* oder *s*.

Gestern waren wir mit der ganzen Kla___e bei Benno eingeladen. Ganz in der Nähe war zwischen den Häu___ern ein drei___ig Meter langes Seil über die Stra___e gespannt. Zwei Artisten übten flei___ig gleichmä___ige Sprünge. Wir verga___en fast das Atmen, so aufregend war es. Anschlie___end zeigte uns Benno eine Dre___urprobe bei den Schimpansen. Sie hie___en Luise, Anton und Emil und waren ganz sü___. Anton und Emil trugen Strampelanzüge mit Rei___verschlü___en. Mit großem Spa___ fra___en sie Klö___e mit So___e. Luise hatte ihr Junges auf dem Scho___. Plötzlich brüllte der kleine Emil wie am Spie___. Was hatte er blo___? Er wollte unbedingt das Schü___elchen von seinem Bruder.

Als er es nicht bekam, trat er bö___e mit den Fü___en gegen den Tisch …

Die Mona Lisa E.V.

Knacker-Ede ist der Chef der Mona Lisa E.V. Die Buchstaben E.V. sind eine Abkürzung und bedeuten „Entwendungsvereinigung". Mit grimmiger Miene steht Ede in der Kneipe „Zum Knacki-Eck" an der Theke. Jedem Gauner, der hereinkommt, gibt er ein Flugblatt in die Hand. Darauf ist Folgendes zu lesen:

1 Unterstreiche im Text alle Präsensformen.

2 Schreibe sie heraus.

braucht,

_____

_____

_____

_____

3 Für zwei Gauner kommt dieses Angebot genau im richtigen Augenblick. Versetze dich in die beiden und verfasse kurze Bewerbungsschreiben. Nutze dazu die Stichwörter. Beginne z. B. so:

Ich heiße Toni.
Ich bin ...

Wer braucht Knete?
Mona Lisa E.V.
Wir suchen neue Mitglieder!
Wir sind eine berühmte Kunstraubbande und arbeiten international. Wir benötigen dringend Verstärkung, denn seit unserer letzten Aktion sitzt ein erfolgreiches Mitglied unseres Vereins im Knast.
Was wir tun? Mehrmals im Monat knacken wir kleine Museen und klauen Kunstgegenstände aller Art. Schon Anfänger haben bei uns beste Trainingsmöglichkeiten. Auch Frauen sind willkommen. Wir versprechen euch eine hohe Gewinnbeteiligung. Geht eine Aktion schief, garantieren wir freie Unterkunft und Verpflegung im Knast. Als Höhepunkt unserer Einsätze planen wir den Raub der Mona Lisa in Paris.
Wer macht mit?
Um eine schnelle Bewerbung bittet euch
Knacker-Ede
(Tel. 145 64)

Geldschrank-Toni
25 Jahre alt
unauffälliges,
harmloses Aussehen
höfliches Benehmen
vorbestraft

Fähigkeiten:
Fluchtfahrzeuge fahren
Geldschränke knacken
Französischkenntnisse

Schlüssel-Paule
32 Jahre alt
der Polizei nicht
bekannt
kein fester Wohnsitz
dadurch unabhängig

Fähigkeiten:
Alarmanlagen ausschalten
Knacken von Schlössern aller Art
Bekanntschaft mit Abnehmern

Zeitformen des Verbs: Präsens

GRAMMATIK

Mit solchen „Talenten" kann man etwas anfangen!
Bandenchef Ede würde am liebsten beide einstellen. Aber das geht ja nicht. Deshalb lädt er beide zu einem Vorstellungsgespräch ein. Mit Geldschrank-Toni führt er das erste Gespräch.

1 Lies, was Toni über sich berichtet.

2 Unterstreiche in Tonis Bericht die Perfektformen, und schreibe sie heraus.

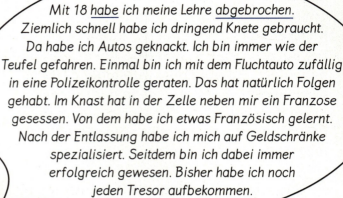

Mit 18 <u>habe</u> ich meine Lehre <u>abgebrochen</u>. Ziemlich schnell habe ich dringend Knete gebraucht. Da habe ich Autos geknackt. Ich bin immer wie der Teufel gefahren. Einmal bin ich mit dem Fluchtauto zufällig in eine Polizeikontrolle geraten. Das hat natürlich Folgen gehabt. Im Knast hat in der Zelle neben mir ein Franzose gesessen. Von dem habe ich etwas Französisch gelernt. Nach der Entlassung habe ich mich auf Geldschränke spezialisiert. Seitdem bin ich dabei immer erfolgreich gewesen. Bisher habe ich noch jeden Tresor aufbekommen.

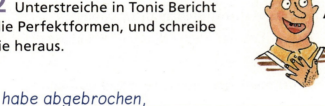

habe abgebrochen,

3 Von Schlüssel-Paules Bericht notiert sich Bandenchef Ede nur Stichworte. Schreibe auf, was Paule wörtlich gesagt haben könnte. Verwende dabei das Perfekt.

> Vor einem Monat im größten Juweliergeschäft der Stadt eingebrochen • Alarmanlage ohne Schwierigkeiten lahm gelegt • dazu Schaum verwendet • Türschlösser ohne Problem geknackt • in wenigen Minuten alle Schmuckvitrinen ausgeräumt • in die Garage eines Kumpels geflüchtet • in derselben Nacht Klunker an einen Abnehmer weitergegeben

Vor einem Monat <u>bin</u> ich in das größte Juweliergeschäft der Stadt <u>eingebrochen</u>.

Ohne Schwierigkeiten habe ich

! **Perfekt:** haben + Partizip *(ich) habe geholfen* oder sein + Partizip *(ich) bin gefahren.*

Zeitformen des Verbs: Perfekt

GRAMMATIK

Knacker-Ede fällt die Wahl schwer. Deshalb schlägt er den beiden einen gemeinsamen Probe-Raubzug vor. Was dabei passierte, erfährst du im folgenden Zeitungsbericht.

> Hamburg – In der vergangenen Nacht drangen unbekannte Täter in das Wohnhaus des bekannten Schnupftabakdosensammlers Helmut V. ein. Mit einem Nachschlüssel öffneten sie die Kellertür und schlichen sich in das Wohnzimmer des Hauses, wo der Besitzer seine kostbare Sammlung aufbewahrte. Sie setzten die Alarmanlage des Geldschranks außer Betrieb und brachen ihn auf. Mit Kennerblick entwendeten sie nur die wertvollen Stücke. Der Eigentümer schlief währenddessen im Schlafzimmer im 1. Stock des Hauses und bekam von dem Einbruch nichts mit. So entkamen die Täter ungestört.

1 Unterstreiche in der Zeitungsmeldung die Präteritumformen und schreibe sie heraus.

drangen ein, _____

_____

2 Schon am Tag darauf steht wieder etwas über den Einbruch in der Zeitung. Setze die Verben im Präteritum ein.

Hamburg – Beim Einbruch in die Villa des Sammlers Helmut V. __beobachtete__ (beobachten) ein aufmerksamer Nachbar die Täter. Der Zeuge _____ (sehen) drei Männer, die den Tatort nachts gegen drei Uhr _____ (verlassen). Einer von ihnen _____ (tragen) einen Sack mit einem großen, sperrigen Gegenstand auf dem Rücken. Der zweite Mann _____ (rennen) schnurstracks zu einem geparkten Lieferwagen, dessen Nummer er jedoch wegen der Dunkelheit nicht _____ (erkennen). Der dritte Mann _____ (kommen) zunächst wieder zurück. Nach etwa einer Minute _____ (fahren) das Auto fast bis zur Tür des Hauses. Jemand _____ (springen) plötzlich aus dem Fenster im untersten Stockwerk. Es war der dritte Mann. Er _____ (steigen) ins Auto, welches danach in der Dunkelheit _____ (verschwinden).

Zeitformen des Verbs: Präteritum

GRAMMATIK

Zwei Tage später beantragt Kommissar May Durchsuchungs- und Haftbefehle.

1 Schreibe die Begründungen vollständig auf. Setze dazu die passenden Verben ein.

hatten festgenommen • hatte aufgeschrieben • hatten getragen • waren geschlichen

Begründungen des Tatverdachts:

1. Wir konnten die Einbrecher identifizieren. Sie hatten am Tatort Spuren hinterlassen.

2. Die Täter _____ keine Handschuhe _____ . Deshalb fanden wir ihre Fingerabdrücke auf einem Glasschrank.

3. Da wir Geldschrank-Toni vor einigen Jahren schon einmal _____ , besaßen wir seine Fingerabdrücke.

4. Die Täter _____ nach dem Regen durch den Garten _____ . Daher entdeckten wir frische Schuhabdrücke in einem Blumenbeet.

5. Ein Zeuge _____ in der Tatnacht die Autonummer des Fluchtfahrzeugs _____ . Dadurch konnten wir als Halter des Fahrzeugs Knacker-Ede ermitteln.

2 Unterstreiche in den Begründungen das, was zuerst geschah.

3 Der Kommissar fährt zu Knacker-Edes Wohnung. Was er später ins Protokoll geschrieben hat, kannst du herausbekommen. Verbinde dazu die Sätze auf der rechten Seite mit den richtigen Anfängen auf der linken Seite.

1. Da ihnen bei ihrem Einbruch keiner begegnet war,

A nahm ich sie sofort fest.

2. Weil sie den ganzen nächsten Tag im „Knacki-Eck" gefeiert hatten,

B wollten sie die Tabakdosen mittags aus Edes Wohnung wegschaffen.

3. Da sie am Morgen nach ihrer Feier einen Abnehmer aufgetrieben hatten,

C überraschte ich sie an der Autotür.

4. Nachdem sie gerade mit den Tabakdosen ins Auto eingestiegen waren,

D fühlten sie sich sicher und schliefen in dieser Nacht bei Knacker-Ede.

5. Nachdem ich einen Koffer aufgemacht und die Dosen gesehen hatte,

E konnten sie sich um den Verkauf der Beute nicht kümmern.

! **Plusquamperfekt:** haben (Präteritum) + Partizip *(Ich) hatte geholfen* oder sein (Präteritum) + Partizip *(Ich) war gelaufen*.

Zeitformen des Verbs: Plusquamperfekt

GRAMMATIK

Knacker-Ede kann es kaum fassen:
Warum hatte gerade ihm das passieren müssen?
Er nimmt sich vor: Dies wird sein letzter Aufenthalt
im Gefängnis sein! Ob ihn seine „guten Vorsätze"
wohl vor dem Gefängnis bewahren?

1 Unterstreiche in Knacker-Edes Zukunftsplänen
die Futurformen.

1. Meine Einbrüche werde ich ab jetzt noch besser planen.
2. Nie mehr werde ich mich auf unbekannte Kumpel verlassen.
3. Wir werden bei der Arbeit Handschuhe tragen.
4. Nie mehr werde ich bei der Arbeit mein eigenes Auto benutzen.
5. Auf jeden Fall werden die Polizisten mich nie mehr in die Finger kriegen.

Geldschrank-Toni hat jetzt endgültig die Nase voll vom Gefängnis.
Er möchte nach seiner Entlassung ein ehrliches Leben beginnen.

2 Schreibe auf, was er sich vornimmt, z. B.:
keine Besuche mehr im „Knacki-Eck", kein Alkohol, Abschaffung des teuren Sportwagens,
Eröffnung eines Sparkontos, Eintritt in einen Sportverein, Gründung einer Familie

Ich werde eine feste Anstellung suchen.

Ich werde _____

_____

_____

_____

_____

_____

_____

_____

3 Unterstreiche die Futurformen in deinem Text.

! **Futur:** werden + Infinitiv *(Ich) werde kommen*

Zeitformen des Verbs: Futur

GRAMMATIK

Flohmarkt

1 Am Flohmarktstand der 6d drängeln sich die Käufer.
Schreibe mindestens 15 Dinge auf, die die Klasse zum Kauf anbietet.

_____
_____
_____
_____
_____
_____

2 Trage alle Substantive/Nomen, mit denen du die Flohmarktsachen benannt hast, mit bestimmtem und unbestimmtem Artikel in die richtige Tabellenspalte ein.

maskulin (männlich)	feminin (weiblich)	neutral (sächlich)
der (ein) Roller	*die (eine) Hose*	*das (ein) Telefon*

Substantive/Nomen: Genus, bestimmter und unbestimmter Artikel

GRAMMATIK

1 In den folgenden Wörtern sind Substantive/Nomen mit anderer Bedeutung versteckt. Findest du sie? Manchmal gibt es auch mehrere Möglichkeiten. Ergänze bei allen Wörtern den bestimmten Artikel.

die	Glocke	→	_die Locke_
___	Schwein	→	___
___	Staubsauger	→	___
___	Truhe	→	___
___	Deckel	→	___
___	Europakarte	→	___
___	Kleid	→	___
___	Strumpf	→	___

2 Der Flohmarkt ist für die 6d ein voller Erfolg. Am Abend ist fast alles verkauft. Nur diese Dinge haben noch keinen Liebhaber gefunden:

> Mickymaushefte, Schlüssel, Roboter, Kakteen, Computer, Hut, Gläser, Sparbüchse, Milchkrug

Meist siehst du an der Form, ob es sich um einen oder mehrere Gegenstände handelt. Trage beide Formen in die Tabelle ein. Schreibe auch den Artikel dazu.

Singular (Einzahl)	Plural (Mehrzahl)
das Mickymausheft	_die Mickymaushefte_

Substantive/Nomen: Artikel, Singular und Plural

GRAMMATIK

Was alles auf dem Flohmarkt passiert!

1 Setze die Substantive/Nomen im richtigen Fall ein.

2 Stelle zu den eingesetzten Substantiven/Nomen die richtigen Fragen und schreibe sie auf.

Nominativ:

Ein Floh springt den Käufern ins Auge. (Floh)

Wer springt den Käufern ins Auge?

_____ nervt einen aufgeregten Besucher. (Hupe)

Genitiv:

Das Angebot _____ ist besonders gefragt. (Klasse 6d)

Wessen Angebot

Das Handy _____ stört laufend. (Schülerin)

Der Taschenrechner _____ ist verschwunden. (Schüler)

Dativ:

Der Fliegenfänger gefällt _____ . (Hausmeister)

Wem

Das Mikrofon gehört nun _____ . (Rektorin)

Die Sonnenbrille steht _____ gut. (Sportlehrer)

Akkusativ:

Ein Vater kauft _____ . (Hammer)

Was

Die Sekretärin kauft _____ . (Kuckucksuhr)

Substantive/Nomen: Kasus

GRAMMATIK

1 Ein Gespräch am Rande des Flohmarktes
Setze die fehlenden Personalpronomen ein.

Jasmin: Hallo, Lisa!
Lisa: Hallo, Jasmin!
Jasmin: Ich lade _____ zum Geburtstag ein, am Mittwoch.
Lisa: Am Mittwoch? Schade! Da habe ich AG.
Jasmin: Du kannst danach kommen. Wir feiern nicht bei _____ zu Hause, wir gehen alle zum Kegeln in die Sportkegelhalle. Wir sind dort bis acht Uhr.
Lisa: Oh toll!
Jasmin: Und dein Bruder? Wie ist es mit _____ ? Kann _____ auch am Mittwoch zu _____ kommen?
Lisa: Ich weiß nicht. Ich frage _____ heute Abend.
Jasmin: Schon gut, ich sehe _____ ja nachher. Da frage ich _____ selbst.
Lisa: Und was wünschst du _____ von _____ ?
Jasmin: Oh, bitte keine Geschenke!
Lisa: Dann kommen wir nicht zu _____ ! Sag _____ bitte, was wir _____ schenken können.
Jasmin: Ich sage es _____ morgen.
Lisa: Okay.

2 Schreibe die Sätze ab und ersetze die unterstrichenen Wörter durch Personalpronomen.

1. Jasmin spricht mit <u>Lisa</u>.
2. Sie lädt <u>Lisa</u> zum Geburtstag ein.
3. Lisa erzählt <u>Jasmin</u> von der AG.
4. Lisa will nach der AG mit <u>den Freunden</u> kegeln.
5. Jasmin sieht <u>den Bruder</u> später.
6. Da will sie <u>den Bruder</u> auch einladen.
7. Lisa fragt, was sie <u>Jasmin</u> schenken könnte.
8. Jasmin will <u>den beiden</u> morgen sagen, was sie sich wünscht.
9. Jasmin will sich mit <u>ihren Freunden</u> in der Sportkegelhalle treffen.

Personalpronomen

Wer?	ich	du	er	sie	es	wir	ihr	sie
Wen?	mich	dich	ihn	sie	es	uns	euch	sie
Wem?	mir	dir	ihm	ihr	ihm	uns	euch	ihnen

Personalpronomen: Kasus

GRAMMATIK

Nach dem Flohmarkt bedankt sich die 6d in einem Brief bei Steffis Mutter.

1 Setze die fehlenden Anrede- und Possessivpronomen ein.

> Liebe Frau Brehn,
>
> wir möchten uns bei _____ recht herzlich bedanken, weil _____ uns so toll beim Flohmarkt unterstützt haben. Am Stand _____ Klasse war am meisten los. Ohne _____ Hilfe wäre dieser Tag nicht zu einem solchen Erfolg geworden. _____ Kuchen hat uns allen prima geschmeckt. Könnten _____ uns bitte das Rezept davon geben? Wir schicken _____ einige Fotos mit, die Oliver gemacht hat. Diese sollen _____ an _____ Flohmarkt erinnern.
>
> Es grüßt _____ ganz herzlich
>
> _____ Klasse 6d

2 Setze auch in dem Brief an die kranke Anna die fehlenden Anrede- und Possessivpronomen ein.

> Hallo Anna,
>
> wir möchten _____ kurz von unserem Flohmarkt gestern berichten. Ja, _____ kannst _____ nicht vorstellen, was am Stand _____ Klasse los war! Frau Lehmann hatte _____ liebe Not, die Übersicht zu behalten. Viola wollte _____ Hamster verkaufen, aber das durfte sie nicht.
>
> Es grüßen _____ recht herzlich und wünschen _____ gute Besserung
>
> _____ Freunde aus der 6d

! *mein, dein, sein, ihr, unser, euer* sind **Possessivpronomen**. Sie können als Begleiter auftreten und geben an, zu wem etwas gehört.

GRAMMATIK

Aus der Schule geplaudert

In der Schule möchte man sich mit seinen Banknachbarn möglichst gut verstehen.

1 Welche Eigenschaften sollte deine Traumnachbarin oder dein Traumnachbar haben? Welche sollte er nicht haben? Welche sind für dich unwichtig?
Lies die folgenden Adjektive durch und trage sie in die Spalten der Tabelle ein.

> lustig, frech, hilfsbereit, unzuverlässig, faul, sportlich, reich, höflich, schmutzig, unpünktlich, geizig, angeberisch, fleißig, schlank, gutmütig, schwatzhaft, groß, unehrlich, ordentlich, cool

So sollte sie/er sein:	So sollte sie/er nicht sein:	Das ist mir egal:

2 Durch besondere Endbausteine kannst du Stubstantive/Nomen in Adjektive verwandeln. Wie lauten die Adjektive? Schreibe sie auf. Unterstreiche -ig, -lich oder -isch.

`-ig` `-lich` `-isch`

Wunder	*wunderlich*	_____	Lust
Kind	_____	_____	Schmutz
Angeber	_____	_____	Ruhe
Laune	_____	_____	Freund
Mut	_____	_____	Ekel
Geiz	_____	_____	Streitsucht
Fleiß	_____	_____	Neid
Sport	_____	_____	Glück

! Manchmal spricht man die Adjektive am Ende anders, als man sie schreibt; *-ig* am Wortende spricht man z. B. oft wie das Wort *ich*, manchmal auch *-ick*. Im Zweifelsfall musst du verlängern: *mutig* → *mutige Leute*

Adjektive: Funktion; Adjektive auf -ig, -lich, -isch

GRAMMATIK

In Neustedt gibt es zwei Schulen. Leider können sich die Schüler dieser beiden Schulen nicht besonders gut leiden. Du kannst es an folgendem Streitgespräch feststellen.

Dorotheenschule: Unsere Schule ist besser als eure. Man lernt viel und die Lehrer sind netter.
Ludwigschule: Das glaubst auch nur du! In eurer Schule lernt man weniger als bei uns.
Dorotheenschule: Aber bei den Fußballspielen haben wir häufiger gewonnen als ihr.
Ludwigschule: Dafür seid ihr im Basketball schlechter als wir.
Dorotheenschule: Habt ihr Fußkranken schon gehört, dass wir am höchsten springen?
Ludwigschule: Euer Schulgebäude stürzt dafür bald ein. Es ist viel älter als unseres.
Dorotheenschule: Trotzdem gehen wir lieber in unsere Schule.

1 Unterstreiche die Adjektive in diesem Streitgespräch. Trage die Formen in die richtige Spalte der Tabelle ein. Ergänze die übrigen Formen.

Grundform (Positiv)	**1. Vergleichsstufe** (Komparativ)	**2. Vergleichsstufe** (Superlativ)
gut	*besser*	*am besten*

2 Vergleiche diese Schülerinnen und Schüler der 5b. Verwende folgende Adjektive: groß, klein, dick, dünn, stark, schnell. Schreibe die Sätze in dein Heft, z. B.:

Timo ist genauso groß wie Lisa. Uschi ist etwas größer als ... Franz ist ...

Adjektive: Steigerung, (genauso) wie – (mehr) als

GRAMMATIK

Exotische Tiere

Kennst du dich mit Tieren aus, deren Heimat nicht Europa ist?

1 Versuche die folgenden Tiere herauszufinden. Schreibe ihre Namen auf.

1. Ein dickhäutiges Tier mit langem Rüssel _____
2. ein dickhäutiges Tier mit einem Horn auf der Schnauze _____
3. ein dickhäutiges Tier aus Afrika mit einer Vorliebe fürs Wasser _____
4. ein gefährliches Tier mit einer gelben Mähne _____
5. ein gefährliches Tier mit vielen spitzen Zähnen und einer dreieckigen Rückenflosse _____
6. ein zweihöckriges Tier mit breiten Füßen _____
7. ein einhöckriges Tier mit breiten Füßen _____

2 Woran konntest du die Tiere erkennen? Unterstreiche alle Attribute.

3 Beschreibe verschiedene Tiere mit Hilfe von Attributen. Ein anderer soll sie erraten können. Die folgenden Attribute helfen dir dabei.

> gefährlich • rosa • dicht behaart • schwarzweiß • mit einem Beutel • mit langem Hals • drollig • mit großen Augen • gescheckt • mit gelbschwarz gestreiftem Fell • mit kurzen Vorderbeinen • mit langen, dünnen Beinen • mit aufrechtem Gang

Es ist ein schwarzweißes Tier mit großen Augen.

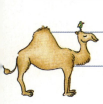

! **Attribute** sind Beifügungen (Wörter oder Wortgruppen) zu einem Substantiv/Nomen. Sie können vor und hinter diesem Substantiv/Nomen stehen.

Attribute: Adjektivattribut, Präpositionalattribut

GRAMMATIK

Um das Thema „Füttern im Zoo" geht es im folgenden Text.

Bitte nicht füttern! Warum?
Sicher hast du schon im Zoo Schilder gesehen, die den Besuchern das Füttern verbieten. Trotzdem gibt es immer wieder Leute, die sich nicht daran halten. Das Zebra, das sich über Zuckerstücke freut, bekommt Bauchkrämpfe. Affen, die mit Bonbons gefüttert werden, können krank werden. Auch Elefanten, die nichts von der Lebensgefahr wissen, betteln gern um Futter. So ging vor einigen Jahren im Münchener Tierpark Hellabrunn ein Elefant ein, der von Besuchern Brot bekommen hatte, das verdorben war. Als Tierfreunde überlassen wir daher die Fütterung den Tierpflegern, die davon mehr verstehen als wir.

1 Schreibe alle Relativsätze mit den Substantiven/Nomen, auf die sie sich beziehen, heraus. Unterstreiche die Relativpronomen, mit denen die Relativsätze eingeleitet werden.

Schilder, die den Besuchern das Füttern verbieten

_____
_____
_____
_____
_____

2 Prüfe am folgenden Text, ob du dich jetzt mit Attributen auskennst. Unterstreiche alle Attribute, die du entdeckst.

Der Zoo – ein Gefängnis oder Überlebenshilfe?
Elefanten und Leoparden werden in ihren Heimatländern gejagt und getötet. Denn Stoßzähne aus Elfenbein und kostbare Tierfelle bringen Geld. Die letzten Orang-Utans auf Sumatra verlieren ihren natürlichen Lebensraum, weil die Urwälder abgeholzt werden. Eine Tierart, die ausstirbt, ist für immer verloren.
Kennst du die Geschichte von Noah, der seine Familie und ein Pärchen jeder Tierart vor der Sintflut rettete? Heute haben die zoologischen Gärten die wichtige Aufgabe des Tierschutzes übernommen. Tiere, die in ihren Heimatländern fast ausgerottet sind, werden dort nachgezüchtet. An der „Heiratsvermittlung" für seltene Tiere beteiligen sich heute Zoos auf der ganzen Welt.
Manchmal werden sogar Tiere, die in Tierparks geboren sind, in ihre Heimat zurückgebracht.
So helfen die zoologischen Gärten bedrohten Tierarten.

! **Relativsätze** sind auch Attribute. Du erkennst sie am Relativpronomen *(der, die, das, welcher, welche, welches)*. Beachte: Vor dem Relativpronomen steht ein Komma.

GRAMMATIK

Berufe und Traumberufe

1 Astronaut oder Filmschauspielerin – wären das Berufe für dich? Welche Traumberufe hast du? Schreibe sie auf.

_____

_____

_____

2 Beim Elternstammtisch sitzen Väter und Mütter mit den unterschiedlichsten Berufen an einem Tisch:

> ~~Busfahrerin~~ • Zeitungsreporterin • Fotograf • Ärztin • Frisör • Automechaniker • Schuster • Schneiderin • Kellner

Schreibe über jeden einen kurzen Satz in die Tabelle. Nenne darin eine typische Tätigkeit seines oder ihres Berufs. Es dürfen auch Unsinnssätze sein.
Verwende dazu die folgenden Verben und suche selbst Akkusativobjekte.

> untersuchen • schreiben • entwickeln • besohlen • bedienen • ~~lenken~~ • nähen • reparieren • kämmen

Subjekt Wer oder was?	Prädikat	Akkusativobjekt Wen oder was?
Die Busfahrerin	lenkt	einen Doppeldecker.

Satzglieder: Subjekt, Prädikat, Akkusativobjekt

GRAMMATIK

1 Ergänze in den Sätzen das passende Dativobjekt aus dem Kreis in der richtigen Form. Schreibe die Sätze in die Tabelle.

1. Der Astronaut begegnet.
2. Der Aufschlag gelingt.
3. Die Krankenschwester hilft.
4. Die Stimmung im Saal gefällt.
5. Die Fußballfans applaudieren.
6. Der Dieb entkommt.

Tennisprofi
Rockmusiker
Polizistin
Außerirdische
Patientin
Torwart

Subjekt Wer oder was?	Prädikat	Dativobjekt Wem?
Der Astronaut	begegnet	den Außerirdischen.

2 Lies diese Sätze.

Subjekt	Prädikat	Dativobjekt	Akkusativobjekt
Die Metzgerin	verkauft	dem Kunden	einen Beutel Knochen.
Der Zahnarzt	zieht	dem Patienten	einen Weisheitszahn.
Die Kellnerin	serviert	dem Gast	eine Bockwurst.
Der Pfleger	gibt	dem Kranken	ein Fieberthermometer.
Die Chefin	diktiert	der Sekretärin	einen Geschäftsbrief.
Der Lehrer	erklärt	den Schülern	eine Mathematikaufgabe.
Die Hausmeisterin	bringt	dem Mieter	einen Wasserhahn.

3 Vertausche die Satzglieder der verschiedenen Sätze miteinander. Es sollen möglichst lustige Sätze entstehen. Schreibe deine Sätze als Tabelle in dein Heft, z. B.:

Subjekt	Prädikat	Dativobjekt	Akkusativobjekt
Die Metzgerin	serviert	dem Kranken	einen Weisheitszahn.

Satzglieder: Dativobjekt, Sätze mit Dativ- und Akkusativobjekt

GRAMMATIK

Adverbialbestimmungen können sehr wichtig sein. Wo sitzt zum Beispiel im Lokal die Fliege? Krabbelt sie auf dem Tischtuch? Oder schwimmt sie etwa im Suppenteller eines Gastes?

1 Lies die folgenden Sätze laut. Unterstreiche die Adverbialbestimmungen des Ortes.

> Der Schornsteinfeger bestimmt <u>auf der Festplatte</u> die Abgaswerte.
> Der Tankwart kontrolliert den Ölstand aus dem Gewächshaus.
> Der Schlosser erhitzt unter dem Mikroskop das Eisen.
> Die Altenpflegerin hilft der alten Frau in die Briefkästen.
> Der Computerspezialist sucht in der Heizungsanlage den Virus.
> Der Biologe untersucht einen Wassertropfen im Motor.
> Der Gärtner holt im Feuer die jungen Pflanzen.
> Der Briefträger wirft die Post in die Badewanne.

2 Vertausche die Adverbialbestimmungen untereinander, damit sinnvolle Sätze entstehen. Ergänze die passende Frage (das passende Fragewort).

Der Schornsteinfeger bestimmt in der Heizungsanlage die Abgaswerte. (Wo?)

3 Unterstreiche im folgenden Satz die Adverbialbestimmung.

Der Detektiv beobachtete im Spiegel den gesuchten Verbrecher.

4 Mache mit dem Satz die Umstellprobe. Schreibe nur Lösungen auf, die in deinen Ohren gut klingen.

Satzglieder: Adverbialbestimmungen

GRAMMATIK

Der Beruf des Fußballtrainers kann ein Traumberuf sein.
Er kann aber auch zur Hölle werden.
In diesem Text erfährst du etwas über einen aufregenden Tag im Leben eines Trainers. Doch leider sind die Sätze durcheinander geraten.

1 Wie ist die richtige Reihenfolge? Lies die Sätze in der richtigen Reihenfolge vor. Die Fragewörter helfen dir.

____ Nervös sitzt er am Spielrand.	1. Satz: Wann?
____ Allein stürmt er zum Tor des Gegners.	2. Satz: Wie? Wo?
____ Durch diesen Erfolg kann der Trainer bleiben.	3. Satz: Warum? Seit wann?
____ An der Strafraumgrenze zieht er ab.	4. Satz: Warum?
____ Doch mit letzter Kraft lenkt der Torwart den Ball ins Aus.	5. Satz: Wie? Wohin?
____ Wegen eines missglückten Abspiels bekommt ein gegnerischer Stürmer den Ball.	6. Satz: Wo?
1. Heute wird sich das Schicksal des Trainers entscheiden.	7. Satz: Wie? Wohin?
____ Durch einen Elfmeter führt seine Mannschaft seit der 70. Spielminute mit 1:0.	8. Satz: Warum?

2 Unterstreiche in den Sätzen alle Adverbialbestimmungen und ordne sie in die Tabelle ein.

Adverbialbestimmungen des Ortes	Adverbialbestimmungen der Zeit	Adverbialbestimmungen der Art und Weise	Adverbialbestimmungen des Grundes

Satzglieder: Adverbialbestimmungen

GRAMMATIK

Kasimir, der unbesiegbare Ritter

1 Schreibe Satzgefüge mit einem Haupt- und einem Nebensatz.
Unterstreiche die Hauptsätze rot und die Nebensätze grün.
Rahme jeweils die Konjunktion ein.

- Kasimir war ein schlechter Reiter.   Warum? – Wegen seiner pummeligen Figur

Kasimir war ein schlechter Reiter, |weil| er eine pummelige Figur hatte.

- Er wäre am liebsten Minnesänger geworden.   Warum? – Aus Liebe zur Dichtkunst und Musik

- Warum? – Doch wegen seines unbarmherzigen Vaters   Er wurde zum Ritter ausgebildet.

Doch weil

- Er fiel bei jedem Reiterkampf vom Pferd.   Warum? – Wegen seines fehlenden Selbstvertrauens

- Wann? – Am Ende der Knappenzeit   Er sollte seine Reitfähigkeiten beweisen.

Als die Knappenzeit

- Wann? – Beim Gedanken an diese Prüfung   Seine Angst wurde immer größer.

Wenn er

- Wann? – Doch vor Beginn des Reiterkampfes   Er hatte einen genialen Einfall.

Doch bevor

> **!** **Hauptsätze** sind selbständige Sätze. Sie können für sich allein stehen. **Nebensätze** sind unselbständige Sätze. Sie können nicht für sich allein stehen. Verbindungen aus Haupt- und Nebensätzen nennt man **Satzgefüge**.
> Wörter wie *weil, wenn, als, bevor, nachdem* nennt man **Konjunktionen** (Bindewörter). Sie leiten Nebensätze ein.

Haupt- und Nebensätze, Satzgefüge, Konjunktionen

GRAMMATIK

1 Wie ein schlechter Reiter ein Turnier gewinnen konnte.
Verbinde jeden Hauptsatz mit dem Nebensatz zu einem Satzgefüge.
Unterstreiche jeweils die Konjunktion, und umrahme das Komma davor.

Hauptsätze
1. Ein paar Tage vor der Prüfung gab Kasimir seinem Pferd ein Gläschen Sirup.
2. Das Pferd fraß den Sirup.
3. Kasimir hatte einen genialen Einfall.
4. Er sorgte für einen schrecklichen Anblick.
5. Das Pferd des Gegners stoppte plötzlich.
6. Es leckte die Stirn von Kasimirs Pferd.
7. Kasimir konnte den Reiter leicht vom Pferd stoßen.
8. Keiner kannte Kasimirs Geheimnis.
9. Er hatte die Stirn seines Pferdes mit Sirup eingerieben.

Nebensätze
- weil er es für einen langen Ausritt belohnen wollte
- indem es ihn gierig aufschleckte
- während er das Pferd beobachtete
- indem er eine Grauen erregende Rüstung anzog
- als die Gegner aufeinander lospreschten
- weil es ein Zeichen für seine Unterwerfung geben wollte
- weil sein Gegner diese Situation nicht erwartet hatte
- solange er lebte
- bevor das Turnier begann

1. Ein paar Tage vor der Prüfung gab Kasimir seinem Pferd ein Gläschen Sirup, weil er es für einen langen Ausritt belohnen wollte. 2. Das Pferd

! Kommas im Satzgefüge: _____ , Nebensatz .
Nebensatz , _____ .
_____ , Nebensatz , _____ .

Haupt- und Nebensätze, Satzgefüge, Konjunktionen

GRAMMATIK

Zaubereien

Hast du schon einmal auf einem Rummelplatz einen Zauberer erlebt?

1 Spiele die Rolle des Zauberers und lies laut mit der richtigen Betonung. Ergänze die richtigen Zeichen am Ende der Sätze.

Hereinspaziert, sehr verehrtes Publikum, hereinspaziert
Haben Sie gute Nerven
Sie werden sie brauchen
Wie gefällt Ihnen dieser junge Mann
Schauen Sie sich ihn doch einmal genau an
Gleich werden Sie Ihren Augen nicht trauen
Sind Sie bereit, Erikson
Schicksal, nimm deinen Lauf

2 Es ist kaum zu glauben: Eben war der Zauberer noch normal groß. Und jetzt hat er Zwergenbeine. Wie hat er das bloß gemacht? Füge auch hier die richtigen Zeichen ein.

Möchtest du diesen Trick können ⬤ Dann besorge dir zuerst eine Partnerin ⬤ Das Publikum darf sie allerdings nie sehen ⬤ Ziehe weiße Strümpfe und eine lange Hose über deine Hände und Arme ⬤ Schlüpfe anschließend mit den Händen in die Schuhe ⬤ Stelle dich hinter einen Tisch mit einem großen Tischtuch ⬤ Deine Beine dürfen nicht zu sehen sein ⬤ Lege deine Arme auf den Tisch ⬤ Deine Partnerin leiht dir nun ihre Arme für die Jackenärmel ⬤ Sie steht hinter dir und steckt sie nach vorne durch ⬤ Siehst du jetzt nicht wie ein Zwerg aus ⬤

3 Schon seit Jahrtausenden liebt der Mensch die Magie. Im folgenden Text erfährst du mehr darüber. Auch hier fehlen Satzzeichen, diesmal aber die Kommas. Ergänze sie.

Schon im alten Ägypten im antiken Griechenland und im Römischen Reich gab es „Zauberei". Priester Wahrsager und Zukunftsdeuter setzten zum Beispiel bei religiösen Feiern grünen Rauch weiße Dampfwolken oder weinende Statuen ein. Im Mittelalter ließen sich Kaiser Könige Fürsten Grafen und Herzöge von Zauberern Spielern oder Gauklern unterhalten. Doch auch heute glauben viele Leute an unmögliche Dinge und fallen auf Zaubertricks Horoskope Handlesen oder anderen Hokuspokus herein.

! **Zeichen am Satzende:** Aussagesatz (.) Fragesatz (?) Aufforderungs- und Ausrufesatz (!)

! **Kommas:** Aufzählungen werden durch ein Komma voneinander getrennt. „Und" und „oder" ersetzen das Komma.

Zeichensetzung, Zeichen am Satzende, Kommasetzung

GRAMMATIK

Wie sollte ein Zauberer bei seinem Auftritt aussehen?

1 Bilde aus jeweils zwei Hauptsätzen ein Satzgefüge mit Relativsatz. Zeichne einen Pfeil vom Relativpronomen zu dem Substantiv/Nomen, auf das es sich bezieht. Achte auf die Kommas.

1. Ein Zauberer sollte sich elegant anziehen. Der Zauberer möchte erfolgreich sein.

Ein Zauberer, der erfolgreich sein möchte, sollte sich elegant anziehen.

2. Vielleicht leiht dir jemand ein Jackett aus. Ein Jacket kleidet dich ausgezeichnet.

_____

_____

3. Auch ein schwarzer Umhang ist geeignet. Der Umhang versteckt deine Hilfsmittel.

_____

_____

4. Du brauchst einen Zauberhut. Den Zauberhut kannst du dir selbst basteln.

_____

_____

5. Besorge dir einen Zauberstab und Zaubertücher. Zauberstab und Zaubertücher schaffen eine geheimnisvolle Stimmung.

_____

_____

! Kommas im Satzgefüge mit Relativsatz:

————— , ‑ ‑ ‑ ‑ Relativsatz ‑ ‑ ‑ ‑ .

————— , ‑ ‑ ‑ ‑ Relativsatz ‑ ‑ ‑ ‑ , ————— .

Kommasetzung im Satzgefüge mit Relativsatz

GRAMMATIK

1 Der Pharaonenfinger

Setze in dem folgenden Text die Kommas bei Aufzählungen und in Satzgefügen. Es fehlen insgesamt 16 Kommas.

Das folgende Kunststück ist witzig spannend und unheimlich zugleich weil du den Zuschauern eine Schachtel zeigst die den Finger einer Mumie enthält.

Du brauchst dazu etwas Watte roten Nagellack und eine Schachtel mit Deckel die von der Größe her in deine Hand geht. Nachdem du die Watte mit dem Nagellack betupft hast legst du sie in die Schachtel. Du bemalst die Schachtel außen mit auffälligen Schriftzeichen. In den Boden der Schachtel schneidest du ein Loch das groß genug für deinen Mittelfinger ist.

Bei der Vorführung machst du die Zuschauer zunächst neugierig indem du ihnen die wundersame Schachtel zeigst. Dabei erzählst du eine schaurige Geschichte in der der abgetrennte Finger eines Pharaos vorkommt. Du berichtest von deiner Großtante deinem Großonkel oder deinem Urgroßvater die dir diesen Fund von einer Ägyptenreise mitgebracht hätten.

Während du die Gruselgeschichte erzählst steckst du heimlich den Mittelfinger der rechten Hand durch das Loch streckst deinen Arm aus und öffnest mit der linken Hand langsam den Deckel. Nun zeigst du den Zuschauern den Finger in der „blutigen" Watte. Du wirst sehen wie sich alle höllisch erschrecken. Dabei murmelst du geheimnisvolle Worte die keiner verstehen kann. Schon nach wenigen Sekunden verschließt du die Schachtel wieder erzählst vom Fluch der Pharaonen und verabschiedest dich.

Kommasetzung bei Aufzählungen und im Satzgefüge.

GRAMMATIK

1 Lies die Geschichte von der Zauberfliege.

Wie die Fliege zaubern wollte

Es lebte einmal eine unternehmungslustige Fliege. Wieder hatte sie sich den ganzen Morgen auf der Wiese gelangweilt.

Da rief sie: ⬤ **Dieses Leben hier, wie uncool** ⬤
Warum soll ich nicht etwas Besonderes tun ⬤
Ich bin doch besser als alle anderen Tiere ⬤

Sprach's, eilte in den Wald und kam an eine Zauberschule. Sie setzte sich auf das geöffnete Fenster. Dort hörte sie, wie der Zaubermeister mit seinem Lieblingsschüler einen Zauberspruch einübte.

Er murmelte: ⬤ **Potz Blitz Drudelbum, der Esel, der wird krumm und dumm** ⬤

Der Spruch gefiel der Fliege.

⬤ **Ist Zaubern aber einfach** ⬤ **sprach sie vor sich hin.**

Den Spruch wiederholte sie, bis sie ihn fehlerlos konnte.

Mit stolzer Stimme wisperte sie: ⬤ **Jetzt bin ich keine gewöhnliche Fliege mehr** ⬤ **Als Zauberfliege werde ich jetzt alle Tiere verzaubern** ⬤

Sprach's und flog auf die Wiese zurück, wo sie eine grasende Ziege bemerkte. Rasch nahm sie auf dem Maul der Ziege Platz.

⬤ **Potz Blitz Drudeldum** ⬤ **summte sie** ⬤ **die Ziege, die wird krumm und dumm** ⬤

Da schnappte die Ziege zu und verschlang das dumme Fliegentier.

2 Unterstreiche in den hervorgehobenen Sätzen die direkte (wörtliche) Rede rot und den Begleitsatz blau. Ergänze dann die fehlenden Satz- und Redezeichen.

48   Satz- und Redezeichen bei der direkten Rede